L'histoire

lePetitPhilosophe.fr

INTRODUCTION   1

APPROCHES DE LA NOTION   3

La conscience historique et son objet

Le sens de l'histoire

Savoir et pouvoir historiques

EN RÉSUMÉ   20

POUR ALLER PLUS LOIN   23

TESTEZ VOS CONNAISSANCES !   25

Associez chaque citation à l'explication qui lui correspond.

Choisissez un sujet bac et construisez le plan de votre dissertation en y associant, si possible, certaines des citations et des explications reprises ci-dessus.

INTRODUCTION

Contrairement à l'animal, rivé à l'assouvissement de ses besoins, **l'homme s'organise dans le temps**, par rapport au passé et en fonction de l'avenir. Autrement dit, **c'est lui qui écrit son histoire et qui en est l'acteur**. Ainsi, toute vie humaine est une histoire.

Par ailleurs, la trame de chaque histoire individuelle est également tissée par l'histoire collective qui préexiste à l'homme et lui sert de modèle (ou de repoussoir). Dès lors, **il ne fait pas que vivre des expériences : il réfléchit à leur propos** et, rétrospectivement, tâche de leur donner un sens et une cohérence. Ce retour réflexif sur l'expérience à travers le langage est à l'origine de la narration. Par conséquent, les hommes ne sont pas seulement les acteurs de l'histoire, ils sont également ceux qui la racontent.

Mais deux problèmes se présentent lorsque l'on rend compte du passé :

- on est trompé par notre perspective présente ;
- il est tentant d'embellir les faits ou de privilégier certains évènements au détriment d'autres.

En somme, **l'homme risque de se raconter des histoires plutôt que de rendre compte de l'histoire**. C'est ici que se séparent les histoires (mythes, fables, contes, légendes) et l'histoire dans sa prétention à acquérir un statut scientifique.

Par conséquent, il doit exister des critères permettant de rester objectif. L'enjeu consiste donc à déterminer les conditions dans lesquelles doit se faire le passage de l'histoire vécue (*Geschichte* en allemand) à l'histoire racontée, rationnelle, qui entend constituer la science historique (*Historie*).

<u>Niveaux de lecture :</u>

*** : incontournable

** : à ne pas négliger

* : pour approfondir

APPROCHES DE LA NOTION

LA CONSCIENCE HISTORIQUE ET SON OBJET

L'histoire comme véhicule des valeurs identitaires **

L'histoire rationnelle est la fille des histoires traditionnelles (contes, légendes et autres mythes), ce qui signifie qu'**elle véhicule des valeurs identitaires**. Il est donc hâtif de la définir à priori comme science du passé, comme si son objet n'était que le passé, et comme si ce passé était défini et révolu. À travers le savoir historique, c'est l'identité de l'homme qui est en jeu.

Dans *Le Léviathan* (1651), **Thomas Hobbes** (1588-1679) définit **l'histoire comme un simple registre où seraient consignés les faits du passé**. L'histoire civile est alors pensée sur le modèle de l'histoire naturelle : les faits historiques peuvent être étudiés de la même manière que les phénomènes naturels, au moyen d'une description objective (citation 1).

Mais cette conception est réductrice. En effet, l'histoire n'est pas seulement une somme de faits passés à dénombrer et à archiver, elle est « notre » histoire :

- en tant qu'elle reflète notre identité,
- parce qu'elle pèse encore sur le présent,
- et dans la mesure où elle est racontée par un témoin-narrateur singulier qui n'est certainement pas purement objectif.

La différence entre les histoires traditionnelles et l'histoire est donc peut-être l'accès de cette dernière à la conscience réfléchie : alors que les histoires constituent des informations en intrigue, **l'histoire rationnelle réfléchit sur les procédés de la mise en intrigue**, afin d'enrayer l'intervention de la subjectivité – toujours suspecte d'enjoliver ou de manipuler les faits.

La logique évènementielle de l'histoire **

Par ailleurs, alors que le temps des histoires traditionnelles est insituable, car il est antérieur à toute existence historique, **l'histoire est contemporaine de ce qu'elle raconte et suit un ordre chronologique** où la périodisation est capitale :

- au VIIIᵉ siècle av. J.-C., les poètes comme **Homère et Hésiode** racontaient des histoires immémoriales, qui renvoyaient à un passé entièrement révolu. Par exemple, chez Homère, les dieux et les hommes coexistent, et chez Hésiode, on trouve une présentation des diverses époques qui donnèrent finalement jour à l'espèce humaine. L'histoire mythique cherche donc à expliquer pourquoi les choses sont comme elles sont, en reconstituant un passé qui est hors du temps, indifférente aux repères temporels réels ;
- l'histoire, telle qu'elle apparait au Vᵉ siècle av. J.-C., ne cherche pas à partir du plus lointain passé pour expliquer la condition humaine, mais remonte vers le passé proche à partir du présent, pour expliquer une situation historique particulière : par exemple, dans son *Histoire de la Guerre du Péloponnèse*, **Thucydide** (vers 460-395

av. J.-C.), l'un des premiers historiens grecs, invoque uniquement les causes humaines à l'origine du conflit entre les Grecs et raconte les évènements en suivant leur ordre chronologique. Ainsi, l'histoire ne suit plus le fil d'un récit fantaisiste (*muthos*), mais une logique évènementielle (*logos*).

La recherche du général dans le particulier **

Thucydide est conscient que l'histoire n'a pas pour but de retenir tout le passé, ce qui est d'ailleurs une tâche impossible. **Faire de l'histoire, c'est reconstruire des évènements**. Mais la subjectivité de l'historien est différente de la fantaisie du faiseur d'histoires : l'historien n'agrémente pas son récit d'entités imaginaires ou de faits inexistants. Tout au plus peut-il se permettre de reconstituer des données manquantes à partir de celles dont il dispose.

Ainsi, **la subjectivité de l'historien réside non pas dans l'invention mais dans la sélection des données pertinentes** : il lui faut retenir les temps forts, ce qui suppose une évaluation personnelle des évènements marquants. Il s'agit ensuite d'interpréter les évènements de manière rationnelle, c'est-à-dire de les relier entre eux en se basant sur les faits.

Le choix des éléments de l'histoire n'est cependant pas tout à fait arbitraire. Il s'agit de retenir ce qui est « typique », dit Thucydide : **le but de l'histoire n'est pas de tout dire et de raconter des anecdotes**. Dans sa *Poétique*, Aristote (384-322 av. J.-C.) conçoit au contraire l'histoire comme un savoir particulier et anecdotique. En ce sens, il affirme que la poésie est plus philosophique que l'histoire, car elle dégage des caractères généraux, alors que l'histoire décrit selon lui des évènements singuliers.

Pour Thucydide, **l'histoire met en évidence des types**, en montrant qu'il y a de l'universel dans le particulier. Derrière l'enchainement des évènements se cachent des structures qui révèlent certains traits généraux de la nature humaine. Mais dans quelle mesure peut-on être objectif dans la compréhension des évènements historiques ? Doit-on se borner aux acteurs ou imaginer un sens qui dépasse les intentions individuelles et préside au développement de l'histoire tout entière ?

LE SENS DE L'HISTOIRE

LE SENS DE L'HISTOIRE

L'expression « **sens de l'histoire** » a deux significations différentes. Ou bien elle désigne un sens immanent à l'histoire : c'est l'histoire elle-même qui produit du sens. Ou bien elle signifie que c'est l'historien qui détient le sens de l'histoire : avoir du bon sens historique, c'est être capable de trouver une logique aux évènements. Mais cela signifie-t-il, dans ce cas, que c'est l'historien qui crée le sens d'une histoire qui en est dépourvue ?

La téléologie providentialiste ***

L'histoire chrétienne invente **la téléologie**, à savoir l'idée que l'histoire est dotée d'une signification, et donc d'une direction (en grec, *telos* signifie la « finalité ») : **l'histoire est l'accomplissement d'un projet universel**. Ainsi, dans l'*Ancien Testament*, le temps est linéaire et fini : il possède un commencement (la genèse) et une fin (le jugement dernier). On appelle « eschatologie » l'idée que l'histoire connaisse un achèvement et la doctrine qui dépeint cet état définitif de l'histoire.

Plus précisément, **l'histoire chrétienne a défendu une téléologie providentialiste**, c'est-à-dire placée sous la direction de la providence divine : **l'acteur caché qui manipule les fils de l'histoire est Dieu** (citation 2). Ainsi, par exemple, **saint Augustin** (354-430) explique le pillage de Rome par les Goths en 410 comme un châtiment de Dieu : celui-ci a voulu punir l'orgueil humain qui croyait l'Empire romain invincible.

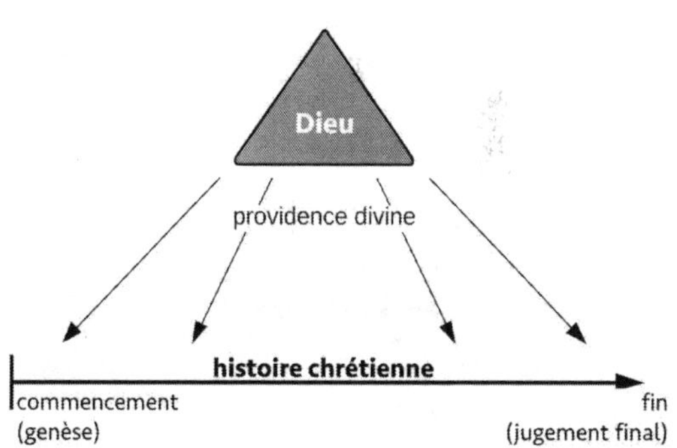

L'histoire comme ruse de la nature **

La conception téléologique de l'histoire pose cependant problème, dans la mesure où elle fait appel, pour expliquer les évènements du monde historique, à une cause qui transcende ce monde et qui est elle-même anhistorique, sans lien avec l'histoire. Certains philosophes se sont alors efforcés de rendre compte du sens de l'histoire en conciliant l'explication rationnelle et la téléologie : **s'il y a une finalité dans l'histoire, elle est un produit de la raison et non de Dieu**. Autrement dit, le principe téléologique se trouve à l'intérieur de l'histoire, et non hors d'elle.

Emmanuel Kant (1724-1804) estime que **le moteur de l'histoire humaine est l'« indissociable sociabilité » de l'homme** : celui-ci est tiraillé entre l'égoïsme et l'incapacité à assouvir seul ses besoins, autrement dit il s'oppose à la vie en société tout en y aspirant. Le devenir historique des sociétés correspond alors à l'accomplissement d'un projet de la nature qui ruse pour parvenir à ses fins : à travers l'homme, elle cherche à produire un être capable de surmonter la violence de ses instincts pour entrer progressivement dans l'âge de raison. L'histoire montre en fait que c'est la raison qui cause les évènements heureux et les passions qui occasionnent les guerres. La nature rationnelle de l'homme le pousse alors à rechercher la paix : **à travers l'histoire, l'homme renonce à son égoïsme pour privilégier sa nature rationnelle**.

La création d'États (loi, droit, justice) permet de mettre fin à la violence. Mais cela ne fait que déplacer le problème : désormais, c'est la violence entre États, et les guerres qu'elle produit, qu'il faut enrayer. Dans son *Projet de paix perpé-*

tuelle (1795), Kant appelle ainsi de ses vœux la création d'une Société des Nations capable d'arbitrer les conflits entre États et d'y mettre un terme. Avec le temps, la domination de la raison sur la passion du pouvoir devrait aboutir à un état de paix perpétuel sous la forme du cosmopolitisme.

L'histoire de l'humanité témoigne ainsi d'une maitrise de la nature par la raison, qui doit aboutir naturellement à une humanité où la violence de la nature est remplacée par les lois de la raison.

> ### LE COSMOPOLITISME
>
> Le **cosmopolitisme**, au sens large, est une doctrine qui veut appliquer une politique unifiée à l'ensemble du monde humain, faisant de chaque homme un « citoyen du monde ». Chez Kant, il désigne l'état idéal de la fin de l'histoire, où toutes les sources de conflits auront disparu de l'humanité, pacifiée par l'arbitrage de la raison.

L'histoire comme ruse de la raison ***

Le problème de la philosophie de l'histoire de Kant, c'est que la raison est considérée comme un produit de la nature, qui pourtant s'oppose à la nature. Or pourquoi la nature chercherait-elle à se dépasser elle-même ?

Aussi **Georg Wilhelm Friedrich Hegel** (1770-1831) montre-t-il, dans *La Raison dans l'histoire* (1837), que l'histoire humaine comme avènement de la raison dans la nature nait, non pas à partir de la nature sensible, mais dans l'opposition à l'inertie de la nature.

Hegel suppose que la raison universelle, conçue comme puissance spirituelle immanente à l'univers, gouverne le monde, et donc l'histoire. Par conséquent, l'histoire est la manifestation de la raison. Plus précisément, l'histoire illustre la réalisation progressive de la raison : autrement dit, **la raison se réalise au fil de l'histoire** (citation 3).

Pour ce faire, la raison se sert habilement des hommes, utilisant leurs passions et leurs intérêts. Ainsi, César, par exemple, a l'illusion de réaliser son ambition propre alors que le principe rationnel se sert en réalité de lui : les actes que César pose et la nouvelle situation du monde à laquelle ils aboutissent servent le développement de la raison et donnent donc un sens à l'histoire. Hegel est ainsi persuadé que les transformations apportées par les individus histo-riques servent un développement historique global qui n'est autre que celui de la raison.

Dès lors, **le monde sensible se spiritualise grâce au travail rationnel de l'esprit humain** :

- celui-ci, d'abord très confus et proche de la nature, a du mal à s'arracher à elle dans les temps primitifs. D'où une religion animiste (qui confie aux animaux et aux choses une âme semblable à l'âme humaine), une grande proxi-mité avec la nature et la pauvreté des techniques ;
- au fil de l'histoire, la raison s'émancipe du règne de la na-ture, et parvient de mieux en mieux à la manipuler et à la

transformer. L'esprit humain devient alors de plus en plus abstrait, et les productions de l'homme marquent de leur empreinte spirituelle la nature : les œuvres d'art n'ont presque plus besoin de matériau naturel et la croyance religieuse n'est plus fondée sur l'adoration d'esprits de la nature, mais sur une parole sacrée qui se trouve au-delà d'elle (Dieu).

On observe ainsi, à travers l'histoire, la ruse de la raison pour pouvoir exister dans le monde sensible malgré sa nature spirituelle : la rationalité traverse le réel et s'accomplit en transformant la nature tant et si bien que celle-ci devient de plus en plus rationnelle. Chaque moment présente alors une amélioration par rapport au moment précédent. La notion de progrès est donc centrale pour comprendre le cours des choses.

Le matérialisme historique ***

Le problème de cette téléologie de l'histoire est qu'elle n'appréhende pas le sens de l'histoire de manière scientifique, en dégageant des lois à partir des évènements réels. C'est pourquoi la philosophie de l'histoire de **Karl Marx** (1818-1883) **et Friedrich Engels** (1820-1895), à la différence des conceptions rationalistes de Kant et Hegel, se tourne vers l'explication matérialiste.

Le matérialisme

Le **matérialisme** est une doctrine philosophique qui rejette l'existence d'un principe spirituel, estimant que la matière est à l'origine de toutes choses.

Selon le **matérialisme historique**, expression qui renvoie à la philosophie marxiste de l'histoire, toute société s'explique par la nature et l'évolution de sa structure économique. Autrement dit, l'ensemble des processus historiques sont liés à la structure de production. Celle-ci évolue sans cesse en fonction des relations entre ses acteurs, au nombre de deux :

- le détenteur des moyens de production ;
- le travailleur.

L'histoire est donc d'abord et avant tout l'histoire des rapports économiques : l'économie constitue le soubassement de l'histoire des rapports humains, moraux et intellectuels, comme l'explique Marx dans *L'Idéologie allemande* et la *Critique de l'économie politique* (citation 4).

Mais le problème du matérialisme historique, c'est qu'il restructure les rapports conflictuels entre les classes productives et les classes dominantes sans jamais les abolir. Or à l'époque du capitalisme, le conflit entre les bourgeois et le prolétariat, qui est véritablement aliéné, est tel qu'il ne peut se résoudre autrement que par la révolution des prolétaires. Une crise dans l'histoire des rapports de production doit donc nécessairement se faire jour. Cette crise aboutit à l'avènement du communisme, synonyme de liberté rendue possible par l'émergence d'une société sans classes.

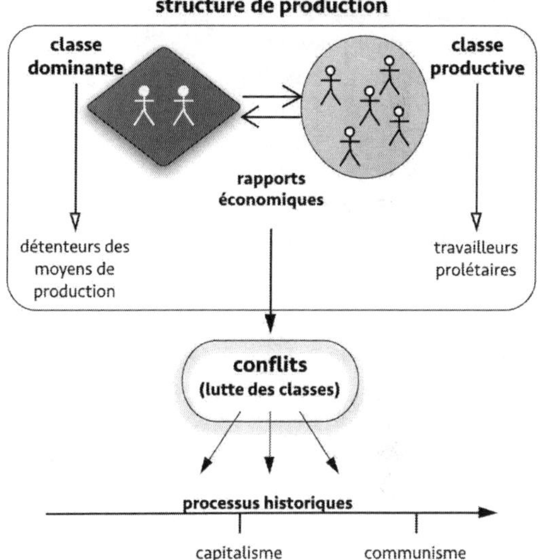

L'ALIÉNATION

L'**aliénation** désigne une forme d'esclavage par

laquelle un individu est rendu étranger à lui-même, dé-
sapproprié de ce qu'il est par une puissance extérieure
qui l'empêche d'agir librement et de tirer profit de ce
qu'il produit.

L'histoire comme progrès : mythe ou réalité ? ***

Auguste Comte (1798-1857) a imposé la vision d'une
humanité en progrès. Selon lui, **l'histoire est l'histoire du
développement de l'humanité** qui passe par différents
stades <u>(citation 5)</u> :

- une enfance superstitieuse ;
- une adolescence métaphysique ;
- un état scientifique adulte dit « état positif ».

En atteignant son état positif, l'homme renonce à expliquer
les choses de manière absolue pour tenter de comprendre
par le raisonnement et l'observation les lois de la nature.

C'est là la **conception positiviste de l'histoire**. Comme
le philosophe l'explique dans son *Discours sur l'esprit positif* (1842), cette histoire positiviste invite à voir dans les
peuples dits primitifs la subsistance de cultures infantiles,
qui adorent des totems ou des êtres naturels comme des
divinités et n'accèdent pas à la connaissance scientifique.

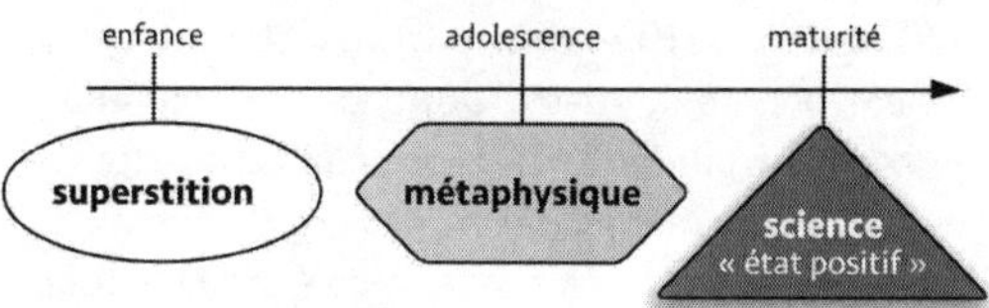

Claude Lévi-Strauss (1908-2009) a montré que cette lecture de l'histoire comme avènement de l'esprit scientifique et progrès de la civilisation revient à ne juger des évènements passés qu'à l'aune de ses propres catégories culturelles. Dans *Race et Histoire* (1951), Lévi-Strauss met en évidence cette illusion ethnocentrique qui consiste à juger l'évolution des cultures en regard de sa propre histoire, comme si cette comparaison était pertinente.

SAVOIR ET POUVOIR HISTORIQUES

Comment écrit-on l'histoire ? **

Concrètement, le rôle de l'historien n'est pas de dégager des lois inflexibles de l'histoire, mais de déchiffrer les différents éléments qui expliquent la succession des évènements : **l'histoire est art de lire**. Ainsi, **Carl von Clausewitz** (1780-1831), théoricien de la guerre, s'efforce de comprendre les évènements à la lumière de facteurs explicatifs extérieurs à eux : les campagnes de Charles XII et de Napoléon montrent bien, selon lui, que la Russie ne peut être tenue occupée en raison de causes objectives, notamment spatiales (*De la guerre*). Les guerres mondiales, au XXe siècle, en apporteront la confirmation : l'occupation de la Russie est vouée à l'échec.

C'est ainsi que **Friedrich Nietzsche** (1844-1900) définit **le sens historique comme une faculté de l'historien**, et non comme une propriété objective de l'histoire : ce flair permet à l'historien de voir que les évènements sont tissés par des évaluations et ne sont pas des faits objectifs.

De la sorte, le fait historique n'est pas objectif, car il est construit par le sujet du récit historique. Comment qualifier le travail de l'historien, dès lors que l'on reconnait que le fait historique relève d'une fabrication et d'une reconstitution ? Comme l'artiste, qui rend visible, l'historien rend présent, paradoxalement, un fait passé : il le réactualise. Il s'agit de retenir ce qui fait l'unité de l'évènement, malgré la diversité des phénomènes et des vécus qu'il recouvre, comme l'explique **Raymond Aron** (1905-1983) dans ses *Leçons sur l'histoire* : le fait historique est en partie l'objet d'une création du discours de l'historien (citation 6).

Les repères qui permettent de construire une temporalité historique sont ainsi, en partie, créés par l'historien. Le découpage en siècles, par exemple, n'est apparu que tardivement dans l'historiographie. Mais la narration historique, comme l'a établi **Robin George Collingwood** (1889-1943) dans *The Idea of History*, se distingue de la fabulation romanesque. L'histoire renvoie à un temps et à un espace réels. Elle doit concorder avec le maximum d'informations historiques déjà établies, et être fondée sur des documents passés au prisme de la critique.

Qui écrit l'histoire ? ***

Mais ce n'est pas parce que l'historien peut s'appuyer sur des documents objectifs qu'il en fait nécessairement un traitement objectif. Dans la mesure où l'histoire est un enjeu de pouvoir, les partis pris de l'historien, au moment de raconter l'histoire, risquent toujours de mettre en péril l'objectivité de son récit.

C'est ce qui a fait dire à **Simone Wei**l (1909-1943) que **l'histoire est toujours l'histoire des vainqueurs**. L'historien grec Hérodote (vers 484-420 av. J.-C.), par exemple, qui prétend rendre compte des évènements en faisant à chacun sa part – Grecs et Barbares –, ne se rend pas compte du fait que la victoire des Grecs influence son récit et l'importance donnée aux guerres médiques. Il suffit ici de rappeler que pour les Perses, la guerre contre les Grecs n'était, au vu de leur immense empire, qu'un conflit localisé dont l'issue n'était pas aussi décisive qu'elle le fut pour les Grecs. Weil note ainsi que « les documents émanent des puissants, des vainqueurs ».

L'histoire a ainsi tendance à passer sous silence les méfaits et les victimes du vainqueur. Dans *Les Naufragés et les Rescapés* (1986), **Primo Levi** (1919-1987) rappelle ce que les SS ont cyniquement expliqué aux Juifs : l'histoire ne retient que le témoignage de ceux qui ont triomphé, et la parole des vaincus, lorsqu'elle conteste la version officielle, passe pour de la mauvaise foi. L'histoire est donc un instrument de puissance, d'autant plus fourbe qu'elle ne l'est pas toujours, ni explicitement.

Le savoir de l'historien : une objectivité subjective **

Il n'en reste pas moins que l'historiographie contemporaine, qui a fait son deuil de l'objectivité absolue, a conscience de ces insuffisances. La partialité de l'historien, rappelle **François Furet** (1927-1997), si elle est constitutive de la pratique historique, n'est pas un destin insurmontable, dès lors que l'historien s'interroge sur sa propre pratique et a conscience de ses limites. **L'histoire contemporaine s'est efforcée de démythifier sa propre pratique**. Dans sa capacité à réfléchir sur ses propres dérives idéologiques, l'histoire ne se sépare-t-elle pas alors de la tradition ? La conscience historique, même s'il lui arrive de retomber dans la léthargie d'une pratique idéologique, peut toujours être ravivée.

Alors l'histoire ne raconte pas seulement sa propre histoire, et elle ne la raconte pas seulement à elle-même. Elle peut alors devenir l'histoire des vaincus, ou porter son intérêt sur autre chose que les guerres et les rapports de pouvoir, comme le montre de façon éclatante la « nouvelle histoire », qui peut ainsi se rendre attentive à l'importance de certaines réalités micro-historiques, telle cette histoire du parfum et de l'odeur rapportée par Alain Corbin (1936) dans *Le Miasme et la Jonquille* (1982).

Le propre de l'historicité serait ainsi de se diriger vers le passé d'abord en tant qu'il est l'autre du présent. C'est d'ailleurs parce que nous percevons une valeur dans l'altérité et que nous nous ouvrons à elle que nous pouvons nous approprier le passé. Mais s'approprier le passé, ce n'est pas l'intégrer à son présent et le digérer à l'aune de ce que nous sommes ; c'est se défaire de l'identité close que le présent referme sur nous pour s'acculturer à un passé qui peut modifier ce que nous pensions être. Aussi peut-on dire que l'appréhension du passé dépend de l'intentionnalité qui y préside : l'histoire authentique ne cherche pas à trouver des indices du présent dans le passé, mais à s'ouvrir à ce qui, dans le passé, questionne les évidences dogmatiques du présent.

On dit souvent que l'histoire sert à mieux comprendre le présent. Si telle était sa fonction essentielle, alors elle ne serait qu'une forme de journalisme tourné vers le passé. L'histoire a une fonction anthropologique qui se situe bien au-delà de l'utilité pratique qu'on pourrait lui trouver. Elle a de la valeur, car **elle ne nous informe que pour nous transformer**. L'histoire n'est pas un écho affadi du passé, mais une répétition qui crée : une recréation. Comme l'a rappelé **Paul Ricœur** (1913-2005), l'histoire ne résume pas le trajet accompli, mais reconstitue des trajectoires qui font aussi loi pour le futur.

EN RÉSUMÉ

Selon **Hobbes**, l'histoire n'est qu'un simple registre dans lequel on consigne les faits du passé. Mais cette conception semble réductrice : en effet, l'histoire reflète notre identité et pèse sur notre présent. De plus, elle est racontée par un narrateur qui n'est pas totalement objectif.

Comme l'explique **Thucydide**, l'histoire ne peut retenir tout le passé : faire de l'histoire consiste à reconstruire des évènements et à sélectionner les données pertinentes, ce qui induit forcément une part de subjectivité.

De nombreux penseurs se sont interrogés sur le sens de l'histoire. L'histoire chrétienne a d'abord défendu une téléologie providentialiste : Dieu manipulerait les fils de l'histoire. **Kant et Hegel** estiment pour leur part que s'il existe une finalité dans l'histoire, elle est un produit de la raison et non de Dieu. **Marx et Engels** se tournent quant à eux vers l'explication matérialiste : le moteur de l'histoire est la machinerie économique. Enfin, **Comte** explique que l'histoire est celle du développement de l'humanité qui progresse vers un état scientifique.

À l'opposé de ces conceptions, **Nietzsche** définit le sens de l'histoire comme une faculté concrète de l'historien, capable de trouver une logique aux évènements, et non comme une propriété de l'histoire. Dès lors, le fait historique n'est pas objectif, car il est construit : il est en partie l'objet d'une création du discours de l'historien.

L'histoire est également un enjeu de pouvoir, comme le montre Simone **Weil** : l'histoire est toujours celle des vainqueurs, tandis que la parole des vaincus demeure silencieuse.

Votre avis nous intéresse !
Laissez un commentaire sur le site de votre librairie en ligne
et partagez vos coups de cœur sur les réseaux sociaux !

POUR ALLER PLUS LOIN

- ARON R., *Leçons sur l'histoire*, Paris, Le Livre de Poche, 1991.
- ARON R., *Dimensions de la conscience historique*, Paris, Les Belles Lettres, 2011.
- CLAUSEWITZ C. (von), *De la Guerre*, traduction de Laurent Murawiec, Paris, Perrin, 2006.
- COLLINGWOOD R. G., *The Idea of History*, Oxford, Paperback, 1994.
- COMTE A., *Cours de philosophie positive*, Paris, Hachette, 1929.
- FUReT F., *Penser la Révolution française*, Paris, Gallimard, 1985.
- HEGEL G. W. F., *La Raison dans l'histoire*, traduction de Kostas Papaïoannou, Paris, UGE, 1965.
- HÉRODOTE, *L'Enquête*, traduction d'Andrée Barquet, Paris, Gallimard, 1985.
- HOBBES Th., *Le Léviathan*, traduction de Gérard Mairet, Paris, Gallimard, 2000.
- LEVI P., *Les Naufragés et les Rescapés*, traduction d'André Maugé, Paris, Gallimard, 1989.
- LÉVI-STRAUSS Cl., « Race et Histoire », in *Anthropologie structurale deux*, Paris, Plon, 1996.
- MARX K. et ENGELS F., « Critique de l'économie politique », in *Œuvres*, tome I, Paris, Gallimard, 1963.
- MARX K. et ENGELS F., *L'Idéologie allemande*, Paris, Éditions sociales, 1976.
- KANT E., *Idée d'une histoire universelle au point de vue cosmopolitique*, Paris, Bordas, 1993.
- KANT E., *Opuscules sur l'histoire*, Paris, GF-Flammarion,

1993.

- KANT E., *Projet de paix perpétuelle*, Paris, GF-Flammarion, 1993.
- NIETZSCHE F., *Par-delà le bien et le mal*, traduction de Patrick Wotling, Paris, GF-Flammarion, 2000.
- RICŒUR P., *Temps et Récit*, Paris, Seuil, 1991.
- THUCYDIDE, *La Guerre du Péloponnèse*, Paris, Gallimard, 2000.
- WEIL S., *L'Enracinement*, Paris, Gallimard, 1963.

TESTEZ VOS CONNAISSANCES !

ASSOCIEZ CHAQUE CITATION À L'EXPLICATION QUI LUI CORRESPOND.

Citations

- **Citation 1 :** « Le recueil de la connaissance des faits est appelé histoire ; il y en a de deux sortes ; l'une est appelée histoire naturelle, qui est l'histoire des faits ou effets de la nature qui ne dépendent pas de la volonté humaine [...]. L'autre est l'histoire civile, qui est l'histoire des actions volontaires des hommes dans les États. » (HOBBES Th., *Le Léviathan*, Paris, Gallimard, 2000, chapitre IX, p. 166)
- **Citation 2 :** « [...] c'est le Dieu unique et véritable qui gouverne et régit tous [l] es évènements au gré de sa volonté ; et s'il tient ses motifs cachés, qui oserait les supposer injustes ? » (SAINT AUGUSTIN, *La Cité de Dieu*, traduction de Jean-Baptiste Raulx, Bar-le-Duc, 1869, livre V, chapitre XXI)
- **Citation 3 :** « La seule idée qu'apporte la philosophie est la simple idée de la Raison — l'idée que la Raison gouverne le monde et que, par conséquent, l'histoire universelle s'est elle aussi déroulée rationnellement. » (HEGEL G. W. F., *La Raison dans l'histoire*, Paris, UGE, 1965, chapitre I, p. 47)
- **Citation 4 :** « Le mode de production de la vie matérielle conditionne le processus de vie social, politique et intellectuel en général. Ce n'est pas la conscience des hommes qui détermine leur existence, c'est au contraire leur existence sociale qui détermine leur conscience. » (MARX

K. et ENGELS F., « Critique de l'économie politique », in *Œuvres*, tome 1, Paris, Gallimard, 1963, p. 272)
- **Citation 5 :** « [...] chacune de nos conceptions principales [...] passe successivement par trois états théoriques différents : l'état théologique, ou fictif ; l'état métaphysique, ou abstrait ; l'état scientifique, ou positif. » (COMTE A., *Cours de philosophie positive*, Paris, Hachette, 1929, p. 3)
- **Citation 6 :** « Dans une large mesure, c'est Thucydide qui a créé l'unité de la guerre du Péloponnèse ; c'est lui qui a pensé que la première partie de la lutte entre Athènes et Sparte, puis l'armistice de Nicias, puis la dernière partie de la guerre ne constituaient qu'un événement unique. » (ARON R., *Leçons sur l'histoire*, Paris, Le Livre de Poche, 1991, p. 157-158)
- **Citation 7 :** « L'histoire n'est pas autre chose qu'une compilation des dépositions faites par les assassins relativement à leurs victimes et à eux-mêmes. » (WEIL S., *L'Enracinement*, Paris, Gallimard, 1963, p. 192)

Explications

- **Explication a :** l'histoire est placée sous la direction de la providence divine.
- **Explication b :** l'histoire est le plus souvent racontée par ceux qui ont triomphé et qui, à travers le récit historique, perpétuent leur domination sur ceux qu'ils ont vaincus.
- **Explication c :** l'histoire n'est pas un recueil de faits passés, mais une réappropriation du passé, qui permet de trouver des modèles et des valeurs à l'aune desquels mener son action future.

- **Explication d :** la machinerie économique constitue le moteur de la vie sociale, politique et intellectuelle.
- **Explication e :** l'histoire est la somme des faits passés qui peuvent être connus, non seulement les faits produits par la volonté des hommes, mais aussi les processus physiques, biologiques ou encore géologiques.
- **Explication f :** Il n'y a pas de faits bruts en histoire. C'est l'historien qui délimite le début et la fin d'un évènement historique, c'est lui qui circonscrit, l'espace, le temps, et les acteurs impliqués par l'évènement qu'il décrit.
- **Explication g :** la raison universelle gouverne le monde, et donc l'histoire : celle-ci illustre alors la réalisation progressive de la raison.
- **Explication h :** la qualité du bon historien n'est pas tant la connaissance exhaustive de toutes les données que la capacité à relier entre eux les évènements en devinant les différentes visions du monde qui se confrontent et les valeurs qui ont présidé à leur élaboration. L'histoire ne porte donc pas sur des faits, mais sur des conflits de valeurs.
- **Explication i :** la paix mondiale ne peut être instaurée que si les États se mettent d'accord pour se laisser arbitrer par une organisation supranationale où tous les États seraient représentés. Le bonheur humain dépend, à travers l'histoire, de la réussite de cette entreprise : créer une République des Nations.
- **Explication j :** l'histoire de l'humanité passe par trois stades de développement, dont le dernier est l'état scientifique, ou état dit « positif ».

CHOISISSEZ UN SUJET BAC ET CONSTRUISEZ LE PLAN DE VOTRE DISSERTATION EN Y ASSOCIANT, SI POSSIBLE, CERTAINES DES CITATIONS ET DES EXPLICATIONS REPRISES CI-DESSUS.

- Le rôle de l'historien est-il de juger ? (bac ES 2010)
- Faut-il oublier le passé pour se donner un avenir ? (bac L 2010)
- L'objectivité de l'histoire suppose-t-elle l'impartialité de l'historien ? (bac L 2009)
- L'intérêt de l'histoire, est-ce d'abord lutter contre l'oubli ? (bac T 2006)
- L'action politique doit-elle être guidée par la connaissance de l'histoire ? (bac ES 2005)
- Connaissons-nous mieux le présent que le passé ? (bac L 2002)
- Pourquoi s'intéresser à l'histoire ? (bac T 2000)
- À quoi reconnait-on qu'un évènement est historique ? (bac S 1999)
- L'histoire a-t-elle un sens ?
- Le progrès historique est-il un mythe ou une réalité ?

Rendez-vous sur lepetitphilosophe.fr et découvrez :

Plus de 1200 analyses
Claires et synthétiques
Téléchargeables en 30 secondes
À imprimer chez soi

www.lepetitphilosophe.fr

ISBN version numérique : 978-2-8062-4452-9
ISBN version papier : 978-2-8062-4429-1
Dépôt légal : D/2017/12603/583

Schémas réalisés par Alberto Molina Pérez,
doctorant en philosophie des sciences
(Université Paris I-Panthéon-Sorbonne)

Conception numérique : Primento,
le partenaire numérique des éditeurs.

Made in the USA
Monee, IL
08 July 2026

56666550R00020